रस की लाठी

[कविता-संग्रह]

रस की लाठी

अष्टभुजा शुक्ल

राजकमल प्रकाशन

ISBN : 978-93-88933-52-0

मूल्य : ₹295

पहला संस्करण : 2019

प्रकाशक : राजकमल प्रकाशन प्रा. लि.
1-बी, नेताजी सुभाष मार्ग, दरियागंज
नई दिल्ली-110 002

शाखाएँ : अशोक राजपथ, साइंस कॉलेज के सामने, पटना-800 006
पहली मंज़िल, दरबारी बिल्डिंग, महात्मा गांधी मार्ग, इलाहाबाद-211 001
36 ए, शेक्सपियर सरणी, कोलकाता-700 017

वेबसाइट : www.rajkamalprakashan.com
ई-मेल : info@rajkamalprakashan.com

मुद्रक : बी.के. ऑफसेट
नवीन शाहदरा, दिल्ली-110 032

RAS KI LAATHI
Poems by Ashtbhuja Shukla

सादर सप्रेम वागीश जी के लिए

अनुक्रम

रस की लाठी

चोर! चोर!! चोर!!!

तालाब ने
दूध का कुल्ला
नहीं किया है
कोई बगुला उड़ा है
तालाब से

तालाब से
उड़ाया गया
कोई श्वेतपत्र भी नहीं है बगुला
बल्कि कोई सफ़ेदपोश
तालाब की नन्ही-सी जान
चोंच में दबाकर
कहीं चम्पत हो गया है

शिनाख़्त में
पकड़ी जाएगी
पेड़ की कोई टहनी
जहाँ से
फिर चम्पत हो चुका होगा बगुला
किसी दूसरे तालाब की ओर
चारों ओर
सुनाई देगा
सिर्फ़ शोर
चोर! चोर!! चोर!!!

वह बुढ़िया

सारस की चोंच जैसा
घूँघट काढ़े
पथरीले रास्ते से उतर रही है
सतना जिले के
पहाड़ी गाँव की वह बुढ़िया

जवानी में
जो रहा होगा
उबले आलू जैसा चमकीला
और अब बुढ़ापे में
जो हो गया होगा भुने हुए आलू जैसा
ऐसा अपना मुँह
किसे और क्यों नहीं दिखाना चाहती
वह बुढ़िया
आख़िर किससे लजा रही है?
कठोर पहाड़ों से कि पेड़ों से कि पक्षियों से
कि पहाड़ी कुत्तों से
इस निर्जन में
किससे छिपा रही है अपना झुर्रीदार मुखड़ा

या कि अभी तक
मुँहदिखाई का
नेग ही नहीं पाई
सतना जिले के
पहाड़ी गाँव की वह बुढ़िया?

जवान होते बेटो!

जवान होते बेटो!
इतना झुकना
इतना
कि समतल भी ख़ुद को तुमसे ऊँचा समझे
कि चींटी भी तुम्हारे पेट के नीचे से निकल जाए
लेकिन झुकने का कटोरा लेकर मत खड़े होना किसी घाटी में
कि ऊपर से बरसने के लिए कृपा हँसती रहे

इस उमर में
इच्छाएँ कंचे की गोलियाँ होती हैं
कोई कंचा फूट जाए तो विलाप मत करना
और कोई आगे निकल जाए तो
तालियाँ बजाते हुए चहकना कि फूल झरने लगें

किसी को भीख न दे पाना तो कोई बात नहीं
लेकिन किसी की तुमड़ी मत फोड़ना
किसी परेशानी में पड़े हुए की तरह मत दिखाई देना
किसी परेशानी से निकल कर आते हुए की तरह दिखना
कोई लड़की तुमसे प्रेम करने को तैयार न हो
तो कोई लड़की तुमसे प्रेम कर सके
इसके लायक ख़ुद को तैयार करना
जवान होते बेटो!

इस उमर में सम्भव हो तो
घंटे-दो घंटे मोबाइल का स्विच ऑफ़

रखने का संयम बरतना
और इतनी चिकनी होती जा रही दुनिया में
कुछ खुरदरे बने रहने की कोशिश करना

जवान होते बेटो!
जवानी में न बूढ़ा बन जाना शोभा देता है
न शिशु बन जाना
यद्यपि बेटो
यह उपदेश देने का ही मौसम है
और तुम्हारा फ़र्ज़ है कोई भी उपदेश न मानना।

सज्ञान होती बेटियो!

हमारे जवार में
'जवान' नहीं कहा जाता तुम्हें कभी
हमेशा 'सज्ञान' कहा जाता है

तो सज्ञान होती बेटियो!
तुम्हें बेटों से ज़्यादा विषय पढ़ना है
उनसे ज़्यादा इम्तहान देना है
और उनसे ज़्यादा कलाएँ
तो तुम्हारे भीतर पहले से ही मौजूद हैं
इसलिए कम से कम
छब्बीस तक पहाड़ा
और एक सौ एक तक गिनती
मुँहजबानी याद रखना है

सज्ञान होती बेटियो!
तुम्हारे बाप चाहते हैं
कि जीवन भर
तुम दस साल से ज़्यादा की
मत दिखाई दो
जबकि माँएँ
बहुत दिनों तक छिपाए रहती हैं बापों से
तुम्हारा सिरदर्द, पेटदर्द
और चार दिनों की अन्तर्निहित पीड़ा
वे हर महीने समय पर
प्रतीक्षा करती रहती हैं
तुम्हारे रक्तस्राव के

दो-तीन दिन भी
आगे बढ़ जाने पर
पता नहीं कैसी कैसी लकीरें
खिंच जाती हैं
उनके माथे पर

सज्ञान होती बेटियो!
तुम जितना ही छिपाओगी
अपने दुख-दर्द
उतनी ही घुलती जाओगी
लोकगीतों की मार्मिक पंक्तियों में
लेकिन तुम्हारा रक्तस्राव
तुम्हें अनमन करता रहेगा बारम्बार
और वही तुम्हें धन्य भी करेगा
जिसके बग़ैर नहीं लिखा जा सकेगा
मानवता का कोई इतिहास
अपने भीतर के नियमित रक्तस्राव की
तुम हो जाती हो अभ्यस्त इतनी
कि बाहर का कोई भी रक्तपात
तुम्हें भीतर तक हिला देता है
जैसे चाकू की नोक
किसी शिशु का फूटा हुआ अँगूठा
किसी का फटा हुआ कपार
या किसी युद्ध में हताहत लोग!
देह के बाहर ख़ून का दंश सबसे ज़्यादा तुम्हें ही चुभता है

सज्ञान होती बेटियो!
दुनिया का हर मर्द
दामाद, बहनोई और समधी बनना चाहता है
ससुर या साला बनने में
आहत हो जाता है उसका अहंकार
तुम्हें बहू या पत्नी बनाकर
खिल जाती हैं उसकी बाँछें

सज्ञान होती बेटियो!
पिता चाहते हैं कि तुम लड़कों जैसी
सपाट दिखाई दो हमेशा
गिलहरियों से कुछ कम सरसराओ
अक्ल तुम्हारी पुरखों से भी ज़्यादा उम्रदराज हो
काम तुम्हारे विद्युल्लता से भी चपल हों
कोई देखे तो तुम्हारी देह की जगह
तुम्हारी परछाईं दिखाई दे
मतलब कि सज्ञान होती बेटियो!
तुम कामरूप बन जाओ
कोई छुए तो बन जाओ हवा
कोई गर्माए तो बन जाओ पानी
कोई मारे तो बन जाओ पत्थर
और बाप के सामने बन जाओ धिया
ओ आकारान्त ओ ईकारान्त
ओ रिया ओ सिया ओ प्रिया ओ शशि ओ रजनी!

सज्ञान होती बेटियो!
तुम्हारी देहयष्टि
अचरज से भर देती है समूचे परिसर को
बन्दर तुम्हें देखकर
कुछ और दाँत चियारने लगते हैं
पक्षी तुम्हें देखकर और चहचहाने लगते हैं
फूल तुम्हें देखकर कुछ और महकने लगते हैं
तुम्हारे आँसुओं से रश्क करने लगती हैं ओस की बूँदें
तुम्हारी हँसी की नक़ल करने में
बिखर जाती हैं बहुत सारी राग-रागिनियाँ
ओ सज्ञान होती बेटियो!
यह किसी बाप का प्रलाप है
लेकिन तुम्हें बेटों से ज़्यादा विषय पढ़ना है
उनसे ज़्यादा इम्तहान देना है
और उनसे ज़्यादा कलाएँ
तो तुम्हारे भीतर पहले से ही मौजूद हैं।

ख़ाली पिंजरा

झूल रहा है
ख़ाली पिंजरा

या तो
कोई पक्षी
पकड़कर
आएगा इसमें

या तो
कोई पक्षी
उड़ गया है
इसमें से

लफड़ा

जितना ललकारना हो ललकार ले कोई
फटकार ले जितना फटकारना हो
बक ले जितनी गालियाँ बकनी हों
सारे कारतूस ख़ाली कर दे
फ़िलहाल, मैं कोई लफड़ा मोल नहीं लेना चाहता

मेरी गोद में एक शिशु सो रहा है
सपने में वह एक गाल से मुस्करा रहा है
और दूसरे गाल से रो रहा है
उसके सिरहाने से हाथ हटाऊँगा
तो टूट जाएगी उसकी कच्ची नींद
अभी मैं अपने हाथ पर बैठी मक्खी भी नहीं हाँक सकता
आँख में पड़ी किरकिरी मलना भी मेरे लिए सम्भव नहीं
अभी मैंने अपनी छींक और खाँसी तक को रोक रखा है
अभी मेरे हाथों में झुनझुनी यथावत् है
चिल्ला-चिल्लाकर अभी सोया है वह
इन हाथों की सबसे बड़ी ज़िम्मेदारी
एक शिशु की नींद की सलामती है

पूरी हो जाए इस शिशु की नींद
इसे उतार दूँ अपनी गोद से ज़मीन पर
और यह खड़ा हो जाए अपने पैरों पर
तो गाली के अलावा

हर बात के लिए तैयार हूँ
आए, जिसे भी सामने आना हो आए
फ़िलहाल, मैं कोई लफड़ा मोल नहीं लेना चाहता

पर्याय और विलोम

कोई कार जा रही है जिस ओर
उसी ओर कोई साइकिल भी जा रही है
फिर भी दोनों की चाल में इतना फ़र्क़ है
कि साइकिल का नमस्कार भी नहीं देख सकती कार
यहाँ तक कि ठोंक भी सकती है साइकिल को
कि साइकिल भी कैसे जाने की जुर्रत कर रही है उसी दिशा में
साइकिल तो साइकिल
उधर साइकिल की जाने की इच्छा भी
कार की निगाह में एक अपशकुन है

पूरब से जा रहा है कोई मूँगफली का ठेला
और पश्चिम से कोई सब्ज़ी का ठेला
तो दोनों अपने आजू-बाजू खड़े होकर
पी सकते हैं साझे की बीड़ी

ज़रूरी नहीं कि उलटी दिशाओं में जाने से ही
हो जाते हों एक-दूसरे का विलोम
या एक ओर जाने से ही
हो जाते हों एक-दूसरे का पर्याय

बहुत बुरे लोग
किसी आदर्श की बहुत ऊँची प्रतिमा
कंधों पर उठाए चले जा रहे हैं
शब्द इतने नाख़ुश हैं कि परिभाषाएँ डगर-मगर कर रही हैं

फ़िलहाल हरे काग़ज़ पर
हरी स्याही से हरियाली लिखना बेमतलब है
चूहे के मुँह में मिट्टी डालने से उसकी कोई किरकिरी नहीं होती
जैसे हमारे समय की नैतिकता
भागते ट्रक के आगे खड़े कुत्ते की भौंक है
लेकिन जब तक खजूर की पत्तियों की कंघियाँ हैं
तब तक जटा नहीं होने पाएँगे धरती के केश
चाहे एक-दूसरे का पर्याय दिखने वाली चीज़ें
हक़ीक़त में एक-दूसरे की विलोम हों
या विलोम दिखने वाली चीज़ें एक-दूसरे की पर्याय

साधनहीनताओं के दिनों में

जब थोड़ी ही दूर
जाना था हमें
ख़ूब पैदल चले हम
कि पसीने से तर-बतर हो गए
धौंकनी सी चलने लगी साँस
और बढ़ गया हमारा रक्तचाप

उससे दूर जाने के लिए
हमने पकड़ी साइकिल
मारते रहे पैडल पर पैडल
और फरफराती रही मलयागिरि की हवा

कुछ सौ किलोमीटर की दूरी नापने के वास्ते
हमने कटाया रेल का टिकट
वरिष्ठ नागरिक की रियायत के साथ
और खोल लीं बग़ल की खिड़कियाँ
स्थिर चीज़ें भी उड़ने लगीं हमारी नज़रों में
जबकि हम बैठे-बैठे पहुँच गए काफ़ी दूर

हज़ारों किलोमीटर तय करने के लिए
हम उड़े हवा में ही हवाई जहाज़ों में
बड़े-बड़े ढेलों की तरह दीख रहे थे पहाड़
नदियाँ सर्पीली रस्सियों जैसी
और बहुमंज़िले तर-ऊपर गँजे टीन के कनस्तर जैसे

अब हम अनन्त दूरी तक पहुँचकर
हो चुके असहाय
ख़ुद अपने तक पहुँचने के लिए
कौन–सा साधन अपनाएँगे
भला कोई सज्जनानन्द बताएँगे

चूहे

खाकर फूले मानो ढोल
जाने कैसे खुल गई पोल
बिल में कैसे घुसड़ें बोल
बढ़ई भइया पुट्ठे छोल

संविधान की कसमें खाए
धर्मग्रन्थ के पृष्ठ चबाए
नीति कूट अवलेह बनाए
लाज-हया सब पी गए घोल!

पचा गए पशुओं के चारे
नहीं किरकिरी हुई आज तक
कितनी मिट्टी मुँह में डारे
बड़े-बड़े भूखंड निगलकर
उगल रहे अब काला कोल

थोड़ा आगे थोड़ा पीछे
पूँछ पकड़कर मुसहर खींचे
गई सुरंग कहाँ तक नीचे
उठ बँसुले अब थू-थू बोल
बढ़ई भइया पुट्ठे छोल!

बहुत बेचैन हिया

बरखा ऋतु की उमस बहुत बेचैन हिया
गाड़ी तो चल दी होगी अब निठुर पिया
बन्द मोबाइल बोल रहा क्या बिजली नहीं रही
या रोमिंग कटने की चिन्ता हमसे अधिक कहीं
कुल्ला-दातौन यहीं आकर जो भी करना
उस तरह किन्तु इस बार अंक में मत भरना
शिखा रहेगी हम दोनों के बीच
उसुर-पुसुर मत करना खींचाखींच
गाय पिआ ले उसके पहले ही दुह लेना
पर बछिया के लिए छीमियाँ दो तज देना
जब इतना तप कर लोगे बिन आँखें खोले
सुबह हाफ़ चुम्बन दूँगी समझे बमभोले!

सहानुभूतियाँ

प्रकट होने को
सदा बेचैन रहती हैं
सहानुभूतियाँ

उन्हें प्रकट होने के लिए चाहिए
कोई बीमार या विपन्न या मरा हुआ या दुखी
कोई आदमी, कोई समाज या कोई देश
और कभी-कभी तो समूची दुनिया

प्रकट होने के लिए सदैव बेचैन
सहानुभूतियाँ
हर हाल में ढाल लेना चाहती हैं
किसी न किसी रूप में
आदमी, समाज या देश
और कभी-कभी दुनिया को
अपने अनुरूप

मृत्यु

कराह सुनकर भी
जो नहीं टूटे
नींद नहीं
वह मृत्यु है

चाहे जितना भी
थका हो आदमी
और चाहे जब
सोया हो

मारकेश

बेली गई
पूड़ियों की तरह
तर-ऊपर सो गई हैं बच्चियाँ

बबूल से निकले
लासे की तरह
ढुलक कर सूख गए हैं
गालों पर आँसू

फिर रुलाई छूटने के डर से
अपना ही एक हाथ
नहीं छूता दूसरे हाथ को

चिता के लिए
लकड़ी खरीदते लोग
सशंकित हैं
कि किसी लकड़ी में
कहीं बारूद न भरा हो

कोई पंडित
अपना पंचांग शोधकर बताए
कब टलेगा यह दुर्विपाक

रावणसंहिता के अनुसार
तो प्रबल है मारकेश

रस की लाठी

रसे-रसे पककर आँवलों में पक्की हो गई है खटास
गन्नों में पककर पक्की हो गई है मिठास
प्रबोधिनी एकादशी के व्रत के कंद
ज़मीन से ऊपर आ गए हैं
लेकिन कविताएँ पककर नहीं ढल पा रहीं सूक्तियों में
मोटी समझ वालों की समझ और मोटी हो गई है

इतने उदास तो कटने पर भी नहीं थे खेत
कि फसल तैयार हो
लेकिन काटने का प्रयोजन ही हो नदारद
सारे आगम चुपचाप मुट्ठियाँ बाँधे खड़े हैं
और आँसुओं की तरह टपर-टपर चू रही हैं
ओस की बूँदें

बिगड़ गए हैं योजनाओं के अर्थशास्त्र
सम्बन्धों के समाजशास्त्र
और कविता के काव्यशास्त्र
गन्ना काट कर गेहूँ बोने की योजनाएँ
गन्ना जला कर गेहूँ बोने की योजनाओं में बदल रही हैं
सारे कोल्हू बन गए जमकातर
एक-एक कर बन्द हो चुकी हैं चीनी मिलें
हज़ारों हाथ बेरोज़गार हो चुके हैं
मोटी समझ वालों की समझ और मोटी हो गई है

कम्पनियों, कारखानों और सरकारों का
उसूल है दंतचिआर की तरह घाटा दिखाना
एक व्यावसायिक परम्परा है
और प्रबन्धन की खूबी
कि प्रबन्धन हमारे समय का भारत-भाग्य-विधाता है

उन उदास खेतों की मेड़ों पर खड़े होकर
ठिठुरे हाथों से
पकड़ते हैं और छोड़ देते हैं,
पकड़ते हैं छोड़ देते हैं

बिछ पाने की समस्या है विकट
हर लाठी दूसरे से तगड़ी मालूम होती
या हर लाठी दूसरे से हेठ
यह सच है
कि रस में कोई गाँठ नहीं होती
लेकिन उससे भी बड़ा सच यह
कि लाठियों में कई-कई गाँठें होती हैं
सच तो यह भी है
कि मोटी समझ वाले रस का मतलब सिर्फ़ मिठास समझते हैं
यहाँ तक कि वे
अम्ल, तिक्त, काषाय आदि को रस ही नहीं समझते

तो क्या मोटी समझ वाले
दिन-दिन विकसित हो रही
गन्ने की नई प्रजाति का नाम
'रस की लाठी' रख देंगे?

लोग बतियाते जाते हैं
देखना यह है कि चोट और मिठास
एक-दूसरे से कितनी मुरौवत कर पाते हैं?

गाए दीवाना

एक बूँद पानी
एक बूँद डीजल
एक बूँद पसीना
और एक रुपया
बराबर एक दाना

खेती का गाना
बनकर दिवालिया
गाए दीवाना

चूहों का टोला
साँड़ों की गल्ली
भेड़ियों की पल्ली
छाँटते गुधुल्ली
बराबर विश्वग्राम

मास पारायण
पहला विश्राम
हाय-हाय अल्ला
हरे-हरे राम!

किस ओर देखूँ

अपनी-अपनी ओर
देख रही हैं
सभी दिशाएँ

प्राची पूरब की ओर देख रही है
पश्चिम की ओर देख रही है प्रतीची
ऊपर, ऊपर की ओर देख रहा है
नीचे, नीचे की ओर
कोने भी देख रहे हैं कोनों की ओर

पेड़ देख रहे हैं आकाश की ओर
जबकि फल धरती की ओर देख रहे हैं
प्याज़ देख रहा है चाकू की ओर
जबकि रोटी नमक की दिशा में देख रही है

अब किस ओर देखूँ मैं?
मुखड़ा तो इधर करो यार
ओ मेरी दिशा!
तो तुम हो!

कंटक कथा

हर काँटे की भभ्भाहट
अलग-अलग होती है।

झरबेर के बंकिम नन्हे काँटे से
अलग ही टीस पैदा करता है
बबूल का रुपहला बड़ा काँटा

खजूर का विषबुझे तीर-सा भाला!
तो नागफनी और भग्नहे की कसक आला

वैसे नीबू और बेल के
काँटे भी कोई मरहम नहीं लगाते
बताने वाले तो यही बताते हैं

अलग-अलग चुभन
चीख़ की अलग अलग शैलियाँ
विकसित करती हैं

वैसे जो काँटे
छूट गए होंगे इस वर्णन से
उन्हें आमंत्रित करता है
एक नंगा तलुवा

अर्द्धविराम

न शब्द हूँ
न वाक्य
न स्वर न व्यंजन
संवेदना और मर्म तो कतई नहीं हूँ

बहुत छोटा बहुत टेढ़ा
झरबेर का
काँटा समझ लीजिए
टोकूँगा तो नहीं
लेकिन अरूझकर थोड़ा रोकूँगा ज़रूर

जिस रंग में
लिखावट रहेगी
उसी रंग में रहूँगा सदैव
लिखावट के साथ

यद्यपि
न शब्द हूँ न वाक्य न भाषा
और संवेदना तो कतई नहीं हूँ

हम प्रार्थना करते हैं

इस बुरे वक़्त में
भतुआ कद्दू जैसे मूड़ों को
कुछ हो जाए
तो घबराने की कोई बात नहीं
जलकुम्भी के जड़ जैसी मूँछों को
कुछ हो जाए
तो बहुत चिन्ता की बात नहीं
झोंझों जैसी दाढ़ियों को
केहरि-कटि या वृषभस्कन्ध को
निर्वीर्य होते पौरुष को
सूँघ जाए साँप
तो भी बहुत निराश होने की ज़रूरत नहीं

लेकिन इस बुरे वक़्त में
मैदा की लोई जैसी देहों
कच्ची मूँगफली की दालों जैसे दाँतों
तोतली बोलियों
और केले की बतिया जैसी नन्ही अँगुलियों को
कुछ न हो
इसके लिए हम प्रार्थना करते हैं
इस बुरे वक़्त में

फलानी

अधराधर की स्वचालित पंखुड़ियाँ
पहली बार दिखीं
जब दिखीं फलानी

अब फलानी तो फलानी
क्रोध भी उन्हें मना नहीं कर सकता
अहंकार से भरवा सकती हैं पानी
लोभ पालतू कुत्ते की तरह
दुम हिला-हिलाकर चाट सकता है उनके पाँव
मोह घंटों खड़ा रह सकता है इन्तज़ार में
चाट का दोना लेकर उनके सामने
और पाँचवें की तो बात ही क्या?

भई कोयल और पपीहे
थोड़ी देर चुप नहीं रह सकते क्या
फलानी बोल रही हैं
थोड़ी देर उनकी भी आवाज़ सुन लो
हो सकता है तुम्हारे रियाज़ के काम आए कभी
उनकी माँ और नानी तक ने
बड़े धीरज के साथ सुनी है
जीवन भर चुपचाप तुम्हारी बोली
कभी टोका तक नहीं तुम्हें

भई चट्टान
थोड़ी देर के लिए पर्यंक बन जाओ
बादलों से कहो कि गद्दे की ज़रूरत है
और हवाओं से बोलो
कि जंगलों का सारा पराग लाकर बिछा दे
अनथक फलानी
ज़रा करवट बदलने के मूड में हैं

महक रही हैं
चहक रही हैं फलानी
आज ही सुनाएँगी कविता
क्योंकि आज उनका जन्मदिन है
और कल हर हाल में
महसूस करना चाहती हैं
मेघालय की चेरापूँजी को पहली बार
वनाली में घुमड़ते घन धारासार

भई तोताराम
ज़रा कुतरना तो सीखो
भोजन की मेज़ पर
विहँस-विहँसकर कुतर रही हैं
तली हुई मछली
और रस ले-लेकर बता रही हैं फलानी
कि कैसे उनके पति-परमेश्वर
नहीं छूते लहसुन या प्याज़ को निषिद्ध मानकर

पावनता से भी पावन
पन्द्रह बरस की बिटिया के बावजूद
असेवित-सी दिखती देहयष्टि की मालकिन को
शायद कभी मुँह से न लगाया होगा
पति-परमेश्वर ने
जिनकी पवित्रता की कथा
रस ले-लेकर सुना रही हैं फलानी
जिन्हें विधाता ने बख़्शा है ख़ुद

बोलने और खाने का ऐसा सलीक़ा
कि कभी दाँत न दिखें

और कितनी अकिंचतना से
बताती हैं वे
कि उनकी बेटी कहती है—
मम्मी, तुम कितनी बुद्धू हो
कोई भी कपड़ा तुम्हारे ऊपर सुन्दर नहीं लगता
झूठी प्रशंसा करते हैं लोग तुम्हारी
दरअसल, वे तुम्हारा मज़ा लेते हैं
और फिर विहँसती हैं
उतनी ही अनुशासित अधराधर की पंखुड़ियों से

फलानी नहीं
यह तो कपड़े ही जानते हैं
कि कैसे वे धन्य हो जाते हैं
उनकी अक्षत देहयष्टि का स्पर्श पाकर

पुरुषसिंह और स्त्री

किसी रूपककार ने
कभी पुरुष को सिंह कह दिया
तो वह समझने लगा ख़ुद को पुरुषसिंह

फिर ख़ुद को समझा बब्बर शेर
पुरुषसिंह ने देखा स्त्री की ओर

सबसे पहले
सहमी सिकुड़ी चौकन्नी चंचल चितकबरी
गहरी काली आँखों वाली
हिरनी जैसी लगी उसे स्त्री तन्वंगी
उसे देखकर
जाने कितने लड्डू फूटे
पुरुषसिंह के मन में
लेकिन आखेटक सिंह भला
सौन्दर्य देखकर क्या करता
पूजा उसकी ?
वह हिंस्त्र सिंह
उसको तो केवल नरम मांस की चाह
फिर निर्जन वन में हिरनी की चीख़ती कराह

फिर से देखा पुरुषसिंह ने—
स्त्री को।
सीधी-सादी गाय

सींगें मात्र दिखाने भर को
या खुजलाने को अपनी देह
बँधी हुई खूँटे-पगहे से
विवश, दुधारू, बिलकुल शाकाहार
पुरुषसिंह ने बदल लिया फिर
अपना मूल स्वभाव
हो गया शाकाहारी
उसे भूख मिटने से मतलब

फिर-फिर देखा पुरुषसिंह ने—
उस स्त्री को।
अबकी लगी उसे वही
साक्षात् सिंहनी, ठीक स्वकीया
कुलगोत्रिया, सन्तानवत्सला पर मादा
किन्तु दहाड़ती
लगभग उसके ही पौरुष से जैसे प्लुत
और खटकने लगी उसे रह-रह जब-तब

तब स्त्री ने फिर-फिर सोचा
अपने बारे में
पशुओं और जानवरों की उपमा
अपमान लगी उसको अपनी
पुरुष-दृष्टि को अनदेखा कर
बोली पहली बार
सधे स्वरों में—
''मैं मृगी नहीं, मैं गाय नहीं
मैं नहीं सिंहनी या पशुवत् मादा
मैं स्त्री हूँ
और रहूँगी स्त्री जैसी
और दिखूँगी स्त्री जैसी सांगोपांग
चाहे किसी की आँख फूटे
या फटे कलेजा
या सीने पर लोटे साँप
हम स्त्री हैं तो स्त्री हैं''

किन्तु सिंह का तमगा बाँधे पुरुषसिंह
आक्रामक ही बना रहा
उसके मुँह में ख़ून लगा था
धीरे-धीरे बन गया वह पूरा नरभक्षी
और कुछेक गोलियाँ खाकर
फिर पिंजरे में क़ैद हो गया
बस खोखली दहाड़ ही बची उसकी
आँखों का हिंस्र ख़ून
तब लगा बदलने पानी में

अब भी स्त्री
अपनी ही करुणा से उद्विग्न
भूखे-प्यासे पुरुषसिंह को
डाल आती कुछ घास-पात
उसके पिंजरे में
और लौटती भारी क़दमों से
पोंछती हुई आँखें अपनी
इस प्रत्याशा में
कि यह शायद अब मनुष्य बन जाए बेचारा
अपने ही कर्मों का मारा

स्त्री अब केवल स्त्री है
वह नहीं किसी कमज़ोरी की अब पुत्तलिका
वह मनुष्य की मृदुल शक्ति है—अनुपमेय!

शायद कविता

धरती की अकूत सम्पदा
आदमी की अनथक मेहनत
और दुनिया भर की
प्राणरक्षक दवाओं के बाद भी
जो नहीं मिटा अब तक
शायद वही दुख है

चुम्बन की पुलकन
प्रगाढ़ आलिंगन के रोमांच
प्रसव और गर्भपात की पीड़ा के बावजूद
जो अलक्षित रह गया
शायद वही प्रेम है

जब न आग लगे आँच
न पहाड़ भारी लगे
न डुबान लगे समुद्र
आँख, कान, नाक, जीभ, ख़ून, साँस
सबके सब दे जाएँ जवाब
शायद वही मृत्यु है

संविधान के हर अनुच्छेद के उपरान्त
जो अलिखित रह गई लिपि
शायद वही कविता है।

यह कदली-स्तम्भ

सबसे चौड़ी और सबसे लम्बी
पत्तियों के बीच से
निकल आया है
दुनिया का सबसे बड़ा फूल

चुकंदरी ललाई के साथ निकला
यह फूल
निष्फल नहीं है

जैसे-जैसे झरेगा
एक-एक पुष्पदल
पंजे के पंजे फल निकलेंगे इसमें से
नन्ही-नन्ही अँगुलियों जैसी
बतिया के रूप में

इतने पंजे निकलते हैं पहले
इस दुनिया के सबसे बड़े फूल में से
जैसे वे सबसे हाथ मिलाने के लिए तैयार हों
लेकिन जब कोई हाथ
आगे बढ़ता नहीं दिखाई देता
तो सिमट जाते हैं उदास होकर
सारे पंजे आपस में ही
चबद जाते हैं तर-ऊपर
सम्भव है

कि एक बार में
एक ही फल पैदा करने वाला
कदली-स्तम्भ
कभी लिए-दिए भहरा पड़े
अपने ही फलों के भार से

तो भी
उसके ही बग़ल से
देर-सबेर निकल आएगी
कोई न कोई पुत्ती
इस कदली-स्तम्भ के रहते
कभी निष्फल नहीं होने पाएगा
यह संसार

आसमान चलनी हो जाता

जो संख्याएँ लाख से कम हैं
वे लज्जा के मारे तुलसी की काली पत्तियों में बदल चुकी हैं
जिन चाकुओं में हत्या से उन्नीस की घोंप है
वे नमक के बदले कबाड़ियों को तौली जा चुकी हैं
जिन होंठों में अमृतेतर मिठास है
वे चुम्बनों के विज्ञापन के लिए अनर्ह हैं

जिनकी बातों के आगे आँधी आती है
वे ही हैं वाग्मिता के अग्रदूत
जिनके मूतने से दीये जलते हैं
वे दुनिया के सबसे बड़े तेली हैं

अगर क्षीरसागर दिखाई देता
तो छेना बनाने वाले ठेकेदारों के बीच
इतनी राउंड गोलियाँ चल चुकी होतीं
कि आसमान चलनी हो जाता अब तक

अब हर कपड़े को झंडा मानने के दिन आ गये हैं
बनवाने वाले पताकाएँ भी सोने की ही बनवाते
अगर फहरने की रंचमात्र भी सम्भावना होती तो!

तूफ़ान आया तब

पहले
तुम्हारी देह देखकर हैरान हुए लोग
फिर तुम्हारे कपड़े देखकर फिर तुम्हारी चाल देखकर
और आख़िर में
तुम्हारे व्यवहार से पसीने-पसीने हो गए लोग

जब प्रस्फुटित होने लगीं तुम
बात-बात में, पोर-पोर में
और अपने नरक में

सम्भव है
किसी का छूना तुम्हें अच्छा लगा हो
किसी की बातों ने मोह लिया हो तुम्हें
और किसी की
दृढ़ता की दीवानी हो गई हो तुम

आसपास के पत्ते काँपने लगे
जब खुलकर हँसने लगीं तुम
सनक गए भड़ुए भी
जब किसी ने चौगुनी लम्पटता से छेड़ा तुम्हें
और तुमने दस हरजाइयों की ओर से जवाब दिया
पगला गए वे भोंड़े
जिनके पास परिहास की भी तमीज नहीं थी
वे तुम्हें अपमानित करने पर आमादा हो गए

खलबली मची तब
जब तुमने अपने प्यार के पत्ते खोल दिए
और तूफ़ान आया तब
जब तुम्हारे भीतर
स्त्री होने का डर नहीं रहा

लेकिन हत्यारों की अलग जमात है
जिनकी चोर नज़रें
राडार की तरह
तुम्हारा पीछा कर रही हैं।

युद्ध

[1]

हम और तुम
आए थे इसीलिए
कि प्यार करें

पर जाने क्या हुआ
कि हमने शुरू की तू-तू मैं-मैं रार
फिर तकरार
फिर हाथापाई
फिर पटका-पटकी
फिर लाठी-बल्लम
फिर खंजर-गोली
फिर किसी ने किसी को मार दिया
और भैंसे पर बैठा यमराज
मूँछें ऐंठने लगा

[2]

देखो संजय
देखो बुद्ध
बन्द नहीं हो रहा युद्ध

कोई तो रोको
लाल झंडा दिखाओ

या उड़ाओ सफ़ेद कबूतर
बीच में बच्चों और स्त्रियों का
अवरोध भी कोई नहीं मानता
इस उन्माद में
नहीं लड़ेंगी जुबान से जुबान
आँख से आँख
या देह से देह
लड़ेंगे पत्थरों से पत्थर
रेत से लड़ेगी रेत
घास से घासें लड़ेंगी
और लड़ेगा पानी से पानी दूध से दूध
अगर लड़ जाएँगे
ख़ून से ख़ून

गालियाँ और थूक

ओह!
क्या राजप्रासाद था साहब
इतना भव्य
कि कोई भूखा आदमी
देखते-देखते
दो-चार दिन और भूखा रह जाए

उसके चारों ओर
झाड़ियों, खाइयों और कुंजों और महकते फूलों की
ऐसी मेखला थी साहब
कि लाशों की दुर्गन्ध
और नवजातों के कें-कें की
दूर-दूर तक कोई आहट न मिलती

क्या चमत्कार था साहब
कि अन्त:पुर में झरते आँसुओं के झरने
चौखट तक आते-आते
चमकीले संगमरमर में बदल जाते

क्या सक्रियता थी साहब
कि कारिन्दों के आगे
बाइसवीं सदी के रोबोट
हाथ जोड़कर खड़े हो जाएँ

क्या प्रताप था साहब
कि मूत उतरते–उतरते
परिन्दों तक को करक पकड़ ले
लेकिन क्या विडम्बना थी साहब
कि कँकरीली गलियों में
ग़ालियाँ और थूक और अभिशाप
बख़ौफ़ टहलते मिलते
राजप्रासाद के चारों ओर

इस कँपकँपाने वाली ठंडी में

बर्रे या बिच्छू
सब नदारद हैं,
लेकिन झनझना रही हैं अँगुलियाँ
पानी में हाथ डालने का मन नहीं करता
मन करता है कि आग में खड़ा हो जाऊँ
इस कँपकँपी ठंडी में

मुँह से शब्दों की जगह
सिर्फ़ भाप निकल रही है
मुट्ठियाँ बँधी हैं
किसी पर छोड़ दूँ इन्हें
तो वह भी
न हिलेगा न डुलेगा
ऐसी सुन्न कर देने वाली ठंडी है

कुहरा है ऐसा
कि सफ़ेद अँधेरा है
जिसमें सब कुछ ग़ायब है
अपना ही बायाँ हाथ
दाहिने को नहीं पहिचान पाता

पुराना अस्थमा उभर आया है
जानलेवा!
खँखार रहा हूँ

और थूक रहा हूँ
यह सूखी खाँसी नहीं है
ख़ूब बलगम भरा है भीतर
चाहता हूँ
कि जिस पर थूकूँ
ठीक उसी पर पड़े बलगम
कमज़ोर आँखों से
ज़ोर लगाकर देखता हूँ
इस कँपकँपाने वाली ठंडी
और सब कुछ
सफ़ेद कर देने वाले
कुहरे में

इस अँधेरी कोठरी में

[1]

इस अँधेरी कोठरी में
नोच रहे हैं मच्छर
याद आ रही है
ठहरे सड़े पानी की
कूड़े के ढेर की
बीमारियों की
नीम के धुएँ की

यहाँ कोई बिछावन नहीं
पत्थर की पाटी पर
कोई खूँटी भी नहीं
जिस पर ख़ुद को टाँग दूँ
कोई आदर्श भी नहीं
जिसमें अपना चेहरा देख सकूँ

परछाईं भी नहीं अपने साथ यहाँ
साथ हैं सिर्फ़ दोपहर की यादें
और याद आ रही है
जुगनुओं की, तारों की, दीयों की
बल्ब की, टॉर्च की, मोमबत्ती की
सूरज की, तुम्हारे मुखचन्द्र की और चमकती आँखों की

हमें अकेला छोड़कर
दुख भी कहीं बाहर निकल गया है
इस अँधेरी कोठरी के हथकड़ी लगे ताले से
लेकिन यह कोठरी
श्मशान से भी अधिक
प्राणों को दबोचे हुए है
अपने शिकंजे में
इस अँधेरी कोठरी में रहते हुए
इस वक़्त मैं
इस अँधेरी कोठरी के बाहर सोच रहा हूँ

[2]

विश्वविद्यालय नियंता की अराजकता के ख़िलाफ़
श्री राज्यपाल महोदय को दिए जाने वाले ज्ञापन की प्रतियों पर
हज़ारों छात्र-छात्राओं के हस्ताक्षर
कसमसा रहे होंगे
थाने के लॉकर में
हमारा सब कुछ जमा हो गया है
अंग्रेज़ी को पीब की तरह उगलने वाले
थानेदार के चेहरे से घिन आ रही है
हम कहाँ हैं इस वक़्त!

आधी रात को घनघोर अँधेरे में
समय जानने की इच्छा का अर्थ
बहुत गम्भीर होता है
तुम भी सोये नहीं होगे
ज़मानत पर छूटे हुए दोस्त!
सुबह होने में अभी कितना अबेर है?

थाने का बारह का गजर बजता है
इसी समय एक और आदमी
ढकेल दिया जाता है इस कोठरी में
किन्तु वह तुम नहीं हो

अब मच्छर हमें आधा-आधा बाँट लेंगे
अब वे इच्छित ग्रुप के ख़ून चूस सकेंगे
हमें लगता है
कि दुख आधा हो गया है

[3]

जहाँ तक सोने का सवाल है
तो तुम भी
किसी गाली की ही पैदाइश हो थानेदार
दो लोगों का साथ
हमेशा प्रेम होता है
जिसे तुम हमेशा अपराध मानते हो

अरे रे ओ थानेदार
तुम्हारी लोहे की बेड़ियों से
झींगुरों की झंकार का अनुनाद
कभी न कभी ज़रूर होगा एकाकार
और वे आग लगे बाँस की तरह तड़तड़ाएँगी
फ़िलहाल, देखो
वे दो शुभेच्छु हमारे
चले आ रहे रिक्शे पर
हमारी ज़मानत लेने
कि हम अपराधी नहीं
और हमें पूरा भरोसा है
अपने देश के संविधान
और लोगों पर
बाहर उजाला ही उजाला है

मधुखोजी

चने के फूल पर बैठी तितली
उड़कर तीसी के फूल पर बैठी
उड़कर बैठी धनिया के फूलों पर
उड़कर सरसों के फूल पर बैठी
उड़कर बैठी अरहर के फूलों पर

मधुखोजी तितली के लिए
फूलों का सोपान बन गया है संसार

लेकिन मधु खोजते-खोजते
ऊपर उड़ते-उड़ते
आकाशकुसुम के लोभ में मत पड़ जाना
तितली!
लौटकर फिर चने के फूल पर आना
फिर धरती से
थोड़ा ऊपर ही मँडराना

शब्द-विज्ञान

[1]

शब्द द्रव्य हैं
और वे तीन प्रकार के होते हैं

जिन शब्दों का
आकार और आयतन निश्चित होता है
वे बैठ जाते हैं एक जगह भकुआकर
बुलाने पर भी नहीं बोलते
उनकी नानी मर गई होती है
उनके अणुओं के बीच परस्पर
माया से भी अधिक आकर्षण होता है
वे अपने हाथ-पाँव तक नहीं फैला सकते
बड़ी मुश्किल से ले पाते हैं साँस
उनकी साँस भी उधार की होती है जैसे
हरदम घटका लगा रहता है उन्हें
उनके अणुओं के बीच की अन्तरा सबसे कम होती है
सबसे कम होते हैं उनमें रंध्र
नहीं के बराबर उनमें होती है लचक
उनका एक और केवल एक ही पाठ होता है
वे ठोस हैं
दृष्टांत के लिए :
लोहा, लकड़ी, कोयला, पत्थर।

[2]

जिन शब्दों का
आयतन तो निश्चित होता है
किन्तु आकार का कोई भरोसा नहीं
जहाँ, जिसमें रखे जाते हैं
वहीं उसी का आकार ग्रहण कर लेते हैं
वे बहुरूपिये हैं
कुलबुलाते रहते हैं उनके अणु
परस्पर गुदगुदाते हुए
इन्हीं से बनती होगी हँसी
चलन-कलन करते इनके अणु-ललन
कुछ सटे कुछ हटे हरदम

ठोस के अणुओं से ज़रा कुछ कम
माया से अधिक ममता से आकर्षित अंतरा वाले
छींटों से किसी को भिगो देने वाले
मछली बाज़ार की तरह कचबच कचबच करते
जो सृप धातु से
बने होते हैं
वे द्रव हैं

[3]

जिन शब्दों का
न तो आयतन निश्चित होता है
न आकार
इतने मुक्त कि जैसे लबार
कहीं भी मुँह मार लेने वाले
हर किसी से हाथ मिलाते रहने वाले
मॉडल की तरह मुस्कान
और सटोरियों की तरह उर्र-उर्र फुर्र-फुर्र
प्याज़ काट कर रो लेने वाले
नगण्य आकर्षण बल से

बावचंची रहते हैं जिनके अणु
जैसे लगी हो कुकुरौछी
अपना देश छोड़ने को अधीर
मच्छरों की तरह हरदम उड़ान पर
ताप और दाब पर निर्भर वाष्पनावतार
वे शब्द वायव्य हैं
और गैस कहे जा सकते हैं

[4]

अर्थ से सम्बलित
शब्द पारा हैं
जो द्रव अवस्था में
रहते हुए भी
अपवाद स्वरूप धातु हैं

[5]

अरे!
मैं तो छूट गया
गोली सा
न्यूटन के तृतीय नियम की
परीक्षा होगी

[6]

माँ का सच्चा सपूत हूँ
माप लो
बावन!
तुम्हारे पास तो दुग्धमापी है

[7]

उस धातु का तार हूँ सुतार
जिसमें विद्युत धारा बहने के साथ-साथ
मेरा अपना
आन्तरिक प्रतिरोध भी है
अन्यथा जल जाता स्वयं ही
या जला देता औरों को
यही दशा
मेरी कविता की भी है

[8]

ऊर्जा से भरा मनुष्य हूँ
ऊर्जा दो प्रकार की होती है—
1. गतिज ऊर्जा
2. स्थितिज ऊर्जा
इन दिनों मैं दूसरे प्रकार में हूँ—
द्रव्यमान, गुरुत्वीय बल
और ऊँचाई के गुणनफल में

[9]

हम दो ध्रुव हैं
जिनके इस छोर
या उस छोर को मिलाने पर
निर्मित हो जाता है
कोई चुम्बकीय क्षेत्र

इनमें से कोई एक
ऋणावेश हो
तो दूसरा
धनावेशित होगा ही

[10]

तन्यता बेइंतहा है
कमर पर
पाँव मत रखना बज्र

[11]

कुछ प्रकृतियाँ थीं
उपसर्गों को गले से बाँधे हुए
घूमती थीं सुहागिन श्रीमती की तरह
हलर-हलर हँसती
और नवनीती गोलार्द्धों पर
कठोर चमकीली धातु का हार
अदबदा कर दिखाने की भदेस चेष्टा करतीं

कुछ ऐसी प्रकृतियाँ थीं
जो केवल संयोग संज्ञा में ही
उपसर्गों को लगाती थीं गले
निर्वात से भी अधिक
क्लिष्ट बन्धन की प्यासी हुईं
चुम्बनों के दीर्घकालीन उपवास का
पारण करती हुईं शब्द-सुताएँ
किन्तु प्रत्ययों के बिना
प्रकृतियाँ कुमारी थीं
और प्रकृतियों के बिना
उपसर्ग विधुर थे

चाल चलन

हमारे साथ चलने वाली
ऐसी कुछ जेबें हों
जिनमें से बिना पूछे
हम ज़रूरत भर निकाल सकें
या उनमें कुछ डाल सकें

हमारी हथेलियों में
कुछ इतनी सुन्दर हथेलियाँ हों
जिनमें हम भाषा और स्पर्श के अलावा
और कुछ महसूस न कर सकें

हमें आदमियों की
ऐसी पहचान हो
कि रेखाचित्र पढ़कर
या पीठ देखकर भी
उनके नाम बता सकें

हमारे दस्तूर ऐसे हों
कि चिड़िया हमारे कन्धों पर बैठकर
हमारे सिर के जूँ निकाल सके।

किराए पर

किराए के मकान
किराए की दुकान
किराए की यात्राएँ
किराए के परिधान और आभरण

याद कीजिए
अभी बहुत दिन नहीं हुए
जब साइकिलें और किताबें भी
किराए पर मिलती थीं

यह भी भूला नहीं होगा
कि कुछ लोग
किराया ही नहीं लेते थे
कुछ लोगों से

कहा तो यहाँ तक जाता रहा है
कि यह शरीर भी
किराए का ही मकान है

किराए पर चलने वाली चीज़ें
सार्वजनिक हैं
या जो हर चीज़ निजी नहीं रख सकते
उनकी मजबूरी
यानी कि इस तरह

मजबूरियाँ भी मिलकर
हमें सार्वजनिक करती हैं

अब कल्पना कीजिए
कि अगर सबके अपने-अपने सिनेमाघर हों
अपने-अपने तरणताल
अपने-अपने अन्त:पुर
अपनी-अपनी ट्रेनें
अपने-अपने जहाज़
अपनी-अपनी इच्छाएँ
यानी कि सबकी

हर चीज़ निजी हो तो!
तो मित्रो
इस तरह एक सूक्ति बन सकती है
कि कुछ न कुछ किराए पर भी चलते रहना चाहिए
इस बड़ी-सी दुनिया में

हर कोई बुदबुदा रहा है

पसीने में भीगा कोई आदमी
अकेले बुदबुदा रहा है
कि हे भगवान, नज़दीक ही कोई दुकान मिल जाती
तो साइकिल का पंचर बन जाता

घर की कॉलबेल बजाता कोई अफ़सर
बुदबुदा रहा है अकेले में
कि सकुशल निपट जाता मंत्रीजी का दौरा
तो कुत्ता-बिल्ली बन जाने तक गनीमत रहती

महादेव को पूजती कोई लड़की
बुदबुदा रही है अकेले में
कि गिरीशं-सुरेशं गले नीलवर्णम् जैसा कोई
गँजेड़ी-भँगेड़ी मनसेधू न मिलता
तो पाँच की जगह पचपन ताम्रपात्र में जल चढ़ाती रोज़ाना

इन दिनों हर कोई अकेले में बुदबुदा रहा है
दुनिया पागल होने के बहुत क़रीब पहुँच रही है।

लुहे लुहे लुहे लुहे

कूच किए ललमुँहे
कि कूद पड़े कलमुँहे
चलल चलल चलल चलल
लुहे लुहे लुहे लुहे!

धरती को ख़ूब दुहे
जंगल को ख़ूब चुहे
चोर क्षीरसागर के
साँड़ छानकर दुहे
भगल भगल भगल भगल
लुहे लुहे लुहे लुहे!

नानाविध जुलुम सहे
सदियों से मूक रहे
अपने ही आँसू के
मलवे में दबे रहे
उठल उठल उठल उठल
लुहे लुहे लुहे लुहे!

उमड़ रहा जनसमुद्र
दुबक रहे शुतुरमुर्ग
भालू, चिपैंजी या
उल्लू को कौन कहे
रा रा रा रा
लुहे लुहे लुहे लुहे!

कितने फूल कम हैं अभी

कितने दिन कम हैं
फागुन के आने में
गाय के बियाने में
कितने महीने कम हैं
कितने बरस कम हैं
मतदाता बन जाने में

कितने दाने कम हैं अभी
भूख को मिटाने में
कितने गन्ने कम हैं
मिठास के ख़ज़ाने में
प्यास को भगाने में
कितनी बूँदें कम हैं

कितनी जनी कम हैं
सगुन उठाने में
घोंसले कितने कम हैं
टोला बसाने में
माला बन जाने में
कितने फूल कम हैं

कितने गवाक्ष कम हैं
स्वच्छ हवा आने में
सौराहा बन जाने में

कितने रस्ते कम हैं
कितनी औषधि कम है और
प्राणों को बचाने में

मुहाने पर नदी और समुद्र

[1]

वह क्या था
जो नदी में था
समुद्र में नहीं था

वह क्या था
जो समुद्र में था
नदी में नहीं था

वह क्या था
जो नदी और समुद्र
दोनों में नहीं था

और वह क्या था
जो नदी और समुद्र
दोनों में था

[2]

नदी अपने पूरे पानी से
लिख रही थी—समुद्र

समुद्र
अपने पूरे पानी से
लिख रहा था—नदी

पर ऐसा क्यों था
कि दोनों का
कहीं नामोनिशान नहीं था

[3]

उधर नदी
मुड़ मुड़कर देखती थी
अपनी लम्बाई
और चली गई दूरी

इधर समुद्र
आकाश की छाती से
साध रहा था
अपनी छाती

नदी थक रही थी
चल चलकर
समुद्र थक रहा था
पड़े-पड़े

[4]

नदी की
सतह को
चीरती हैं नौकाएँ
अन्तस् में
तैरती हैं मछलियाँ

नदी के
धरातल में
कचोटते हैं ककरहे और घोंघे और सीपियाँ

समुद्र की

सतह पर घूमते हैं नौसैनिक, मछुवारे और जलदस्यु
अन्तस् में
हहराती है बाडवाग्नि
ऊभ-चूभ करते हैं कछुए और डॉल्फिन और तिमिंगल
जबकि धरातल में
जमा रहते हैं रत्न

[5]

नदी देखती है
समुद्र को
अपलक

समुद्र देखता है
नदी को
अपलक

लेकिन उद्दाम लहरें हैं
कि कोई अक्स ही
नहीं उभरने देतीं
किसी का

[6]

नदी
ऊपर से नीचे
गिरती रही लगातार
बदलती रही
अपना रूप-स्वरूप
और बहती रही

दिशाहीन रहा समुद्र
समूचा ज़ोर लगाकर
चाह रहा था बहना

लेकिन गरज-तरज कर
रह जाता
अपनी मर्यादाओं में
कौन समझता
उसका कहना और उछलना
नदी, नदी थी
तो समुद्र, समुद्र

[7]

मुहाने पर
नदी, नदी नहीं रहती
समुद्र, समुद्र नहीं रहता

दोनों मिलकर
बनाते हैं
पानी की एक महा कलछुल

पर कोई ठठेर है पहाड़ी
सात समुन्दर पार
जो लगाता रहता है रोज़
इसकी बोली

[8]

नदी के
किनारे-किनारे
बहुत से आश्रम थे
बगुलाभगतों के

करार तोड़कर
कभी-कभी स्वयं घुस जाती थी नदी
पर्णकुटियों में
तथाकथित मुनियों के

चरण–परस को अधीर
बहुत से तपलीन ऋषि
डूब गए सदेह
नदी के उफान में
जिनके नाम से
नहीं चल सका कोई गोत्र

मृगाक्षी नदी
दृष्टि डालती हुई चलती थी
दृश्यों पर
जबकि प्रतीक्षारत समुद्र
एकटक निहारता रहता था
नदी का रास्ता

समुद्र के
तन में
मन में
बसी थी नदी

नदी के
तन में
मन में
कहीं नहीं था समुद्र
मुहाने के अलावा

[९]

पागल हब्शी की तरह नदी
कभी ताबड़तोड़ तमाचे मारती है
समुद्र के गाल पर

कभी चढ़ जाती है
समुद्र की पीठ पर
नदी

कभी पटक देती है
समुद्र को
पानी पर
तो पलट जाता है समुद्र
फिर नदी
फिर समुद्र
फिर समुद्र
फिर नदी

[10]

नदी की सभ्यता
आँकी गई
घाटियों के आधार पर

घाटियों के आधार पर ही
लिखा गया
उसका इतिहास

जबकि नदी का भूगोल
पानी से था बना
और समुद्र
का भी

[11]

समुद्र के
खुले मुँह में
कभी बालू झोंक देती है नदी
तो समुद्र बन्द कर लेता है
अपना मुँह
समुद्र के
कानों में
कभी चिल्लाती है नदी

तो अँगुली डाल लेता है समुद्र
अपने कानों में

समुद्र की त्वचा पर
कभी फैक्टरियों के शीरे
और प्रयोगशालाओं के एसिड
उड़ेल देती है नदी

समुद्र उदासीन कर देता है उन्हें
अपनी लवणता से

[12]

पानी का
एक तूफ़ान
टकराता है
पानी के
दूसरे तूफ़ान से
तो विलीन हो जाता है पानी

दिखाई देता है।
फेन ही फेन

[13]

नदी!
तुम्हारा पानी
मत्स्यगंधा है या पवित्रकारक
मृदु है या कठोर?
अपना टिकट, रसीद और आई डी प्रूफ़ दिखाओ
तुम्हारा हरापन इतना कम क्यों है
इतनी चिड़चिड़ी क्यों हो
कोई असाध्य बीमारी है क्या तुम्हें?
वापस जाओ नदी

लौट जाओ
कोई ख़ैराती अस्पताल नहीं है समुद्र

[14]

हे अनन्तता के अहंकार!
कितनी तुच्छ है
तुम्हारी सिन्धुता?

तुम तो वही हो न
जिसे पी लिया था
कुम्भज अगस्त ने
चुल्लू में भरकर
और कुल्ला कर दिया था जगह-जगह
विंध्याटवी में
उन गड्ढों में
जाकर देखो
अपना अक्स

नदी के लिए
अब
वापस जाना
सम्भव नहीं

आख़िर में

एक बार
वलय की शक्ल में
शब्दों का रेला
हमारे आसपास मँडराने लगा
तो हमें लगा
कि उनकी कड़ियाँ जुड़कर
कोई ज़ंजीर बन जाएँगी

एक बार हमारे दामन में
कुछ ऐसे शब्दों का झोंका आया
जिनमें केवल मुँह थे या धड़
हमें लगा कि रंगीन गुब्बारों की तरह
वे कभी भी उड़ जाएँगे

एक बार
परिन्दों की तरह
शब्दों की क़तार
हमारे मनोदेश में पहुँची
तो हमें लगा
कि यदि हम तलवारों और जालों के
निर्माण रोक नहीं सके
तो हम दरख़्त बन जाएँगे

एक बार
बहुत सारे नहाए-धोए शब्द
चींटियों की कतार की तरह रेंगने लगे
हमारे आगे
तो हमें लगा
कि कोई धर्मग्रन्थ छप जाएगा

आख़िर में
आँख मूँदकर
हाथ जोड़ लिये हमने
निराकार शब्दों के आगे

खर-पतवार-कीटनाशक

गेहूँ
औने-पौने दाम पर बेचकर
ख़रीदी गई है
फ़सल की उम्मीद

बताया है दुकानदार ने
250 रु. में 100 ग्राम दवा
डेढ़ बीघे के लिए
रामबाण है अचूक

खर-पतवार
कीट-पतंग—
सबका राम नाम सत्य कर देगा 100 ग्राम

इस ज़हर से
बहुत उम्मीद है
समूचे घर को
कि घाटा नहीं देगी फ़सल
बादलों ने भी थोड़ा-बहुत
साथ निभाया है कसके इस बार
इन्द्रदेव भी रहे ख़ुश
अलबत्ता डीज़ल चला गया आसमान के भाव

लेकिन मुखिया ने
बहुत छिपाकर रखी है घर भर से
100 ग्राम की वह शीशी
जिस पर दर्ज है—
बच्चों की पहुँच से दूर रखें इसे

मुखियायिन से
हर तीसरे पूछते हैं मुखिया—
अरे, 'वह' वहीं है
कि कहीं उठा ले गए मूष-बिलार?
बड़ी बहू बकइयाँ लपकते बच्चे को
लपककर उधर से खींच लेती है
जैसे काल से छीनकर आ रही हो
और छोटी
बेरोज़गार पियक्कड़ पति से
रोज़-रोज़ पिटने पर
कई-कई बार उठा ली है
वह 100 ग्राम की शीशी
लेकिन सास ने
छीना-झपटी से बचा लिया है
उतनी बार मुँह तक जाते-जाते
अलबत्ता शीशी छलककर
अब बची है आधी
और बदल गई है
'उसके' छिपाने की जगह
फिर भी उसकी गन्ध
बोलती रहती है अपनी भाषा
उसी जगह से

निरभ्र आकाश से
रात भर झरी शीत में नहाई
फूट रही धान की दुधही बालियों को चूसते
कीट-पतंगों से बचाने के लिए
दवा छिड़ककर लौट रहा है

घर का मुखिया
मुँह और नाक पर गलमोच्छा लपेटे
जैसे कोई खूँखार अपराधी
ढकेला जा रहा हो फाँसी के फंदे की ओर...

गिनना आना अनिवार्य पाठ है

एक आम
दो कबूतर
तीन लट्टू
चार मछलियाँ
पाँच गेंद
छपी है, बालपोथी में

शिशु चाहता है
एक नहीं
कम से कम उतने आम छपे होने चाहिए
जितने एक पेड़ में हो सकते हों
लट्टू मैदान भर
मछलियाँ तालाब भर
गेंद एक ही होती तो काम चल जाता समूची मंडली का
भला पाँच गेंदों की क्या ज़रूरत?

गिनना आना जीवन का अनिवार्य पाठ है
कितने पेड़ कटे कितनी सन्तानें पैदा हुईं
अँगूठा लगाने से कितने रुपए मिले
चाँदनी की कितनी चद्दरें काट ले गए चोर
कितना मगन होकर कितने अकेले में कितनी देर तक नाचा मोर

बालपोथी की चित्रमाला से
गिनती सीखते बच्चे को

फ़िलहाल जपमाला पकड़ाना ठीक नहीं
उलटी गिनती भी करने लग सकता है बच्चा
बीच-बीच में

यारों

बेफ़िक्री जब परवान चढ़ी
तब इश्क रहा बल्ले-बल्ले
चलते थे तो हैरत को भी
हैरत ही लगे थे हम, यारों

हम एक जनम के बूचड़ थे
दूसरे जनम के माली थे
हम सात जनम के गुब्बारे
बच्चों के जानेमन, यारों

अक्खा दुनिया में हल्ला है
अपना ईमान का गल्ला है
तुम समझदार के पागल हो
है इसी बात का ग़म, यारों

हम उल्टे-सीधे दिमाग़ के
हम कभी भी कुछ कर सकते हैं
हम ख़बरदार कर देते हैं
ज़रा हमसे उलझना कम, यारों

शोहरतें सुनाई देती हैं
जब एक से एक फ़क़ीरों की
मुझसे पूछो तो बोलूँगा
यों अपना-अपना दम, यारों!

चार साल का नाती

अच्छा-खासा उत्पाती है
वह जो अपना
चार साल का नाती है
बेटी का बेटा—
पूरा प्रश्नोपनिषद्!

तोंद पर चढ़ जाता है
चढ़कर ताक धिना धिन ताक धिना धिन
तबला बजाता है
और पुरखों की तरह
छाँटता है कबोधन—
'अच्छा नाना, अच्छे नाना, इधर करो मुँह, सुनो ज़रा
मम्मा कहती है—
तुम मेरे बेटे हो
और मेरे पेट से पैदा हुए हो
तो मम्मी आपकी बेटी है
क्या वो भी आपके पेट से पैदा हुई है?'

मैं कहता हूँ—
मेरा पेट कुछ पैदा नहीं कर सकता
केवल खाता है
फिर वह छौना ख़ूब खिलखिलाता है
और उसी रौ में
फिर थाप लगाता है

कहता हूँ मैं—
तुम्हें पीट दूँगा अब
डूब रहा दिन
भगो तुरत मच्छरदानी में
बच्चामार मच्छरों की अब है भरमार
तीस साल से धरे हाथ पर हाथ
बैठी है सरकार वाग्मी
और मंत्रिपरिषद वाचाल
हेहर टुच्चे साहब सूबा ठगवा बिगवा
कई कई तो यह भी कहते हैं नालायक
अक्सर अगस्त में बच्चे मरते हैं
मुँह में उनके पड़ें घिनौने कीड़े
और जीभ गलकर गिर जाए
शेम-शेम हाय-हाय!!

कहता है वह—
नाना एक बात कहकर
फिर आप बड़बड़ाते हैं बहुत देर तक
इससे क्या पाते हैं?

कहता हूँ मैं—
तुम्हें पीट दूँगा अब निश्चित
भगो तुरत मच्छरदानी में
नानी भी अब नहीं तुम्हारी बचा पाएँगी तुम्हें
चलो उतरो छाती से मेरे
नहीं तो चटकना खाओगे

फिर कहता वह—
नानी तो कहती हैं
यदि आप हमें मारोगे
तो काँपेंगे हाथ आपके ऐसे-ऐसे
चमकाता है
नहीं रोक पाता मैं अपनी हँसी
और हँसता जाता हूँ

भगो तुरत मच्छरदानी में
फिकिर नहीं अब
जीत चुके हो कई अगस्त
और जियो तुम लाख बरीस
लेकर मेरी उमर जियो
हँसते और खेलते जियो
पढ़ते-लिखते और समझते
सावधान रहना परिसर से
और कमीने लोगों से
कौए के बच्चों जितना चतुर बनो
समय बहुत आतातायी है
भगो तुरत मच्छरदानी में
चलो उतरो छाती से मेरे

बेमौसम बरसात

सूखा सूखा सूखा
जैसे सूरज
ग़ुस्से पर ग़ुस्से पर ग़ुस्सा करता जाता हो
झुँझलाया बेकाबू रूखा

उमस बढ़ी
फिर पीट-पीटकर
बरसे काले क्काले बादल
जैसे आसमान रोकर, रो रोकर, रो-रो रोकर
अपने ही ग़ुस्से पर पछताता हो
ज़ार-ज़ार, कब का भूखा

फिर सुग्गों के रोओं जैसी
रेखाएँ निकलीं धरती से
चकनाचूर मनोरथ फिर से
बिम्बफली ठोरों से टहके
खिलखिलाहट बिजली की ज्यों की त्यों
रह गई अनसुनी

भापों की आवाजाही से
लोट-पोट हो गए चराचर
नकली नोटों की गड्डी जैसे बादल में
एक बूँद भी नहीं बची

मुखर हो गए तबलची मेढक
तब सहसा बिजली पाजी
फिर चमक उठी ताज़ी-ताज़ी

लखनऊ

जन्नत
जब लखनऊ जितना दूर है
और जहन्नुम भी
जब लखनऊ ज़ितना ही दूर है

तो आदमी
क्यों न लखनऊ ही चला जाए
अपनी लाश
अपने कन्धों पर उठाकर

अकेले सूर्य पर

जा रहे हैं तालाब
तालाबों के साथ कमल
कमलों के साथ
भौंरे जा रहे हैं
भौंरों के साथ गुंजार

बागों को बचाना
मुश्किल हो रहा है
खरखराती गिलहरियों को
बचाना और भी मुश्किल
बागों में
बौर को बचाना
बौर से लसियाये
मीठे पत्तों को बचाना
बहुत मुश्किल

बमुश्किल बच रही हैं
ब्रह्मबेला में
मंत्रोच्चार की तरह चहचहातीं चिड़ियाँ

चाय नहीं बचा पाएगी
व्यायाम और योगाभ्यास भी
शायद ही बचा पाएँ
सुबह को

बचाने की सारी ज़िम्मेदारी
अब आ गई है
धीरे-धीरे
अकेले सूर्य पर

बूढ़े समुद्र के पानी से

बूढ़े समुद्र के पानी से
नहीं रोपा जा सकता
प्यार का नया पौधा
उसके लिए
सद्यःजात आँसू ही उर्वर है

प्यार के नए पौधे में
फूल खिलाने के लिए
नहीं सींचना चाहिए
बूढ़ी नदी के पानी से
उसके लिए
सद्यःजात पसीना ही ठीक है

प्यार के नए फूलों को
कुम्हलाने से बचाने के लिए
नहीं निर्भर रहना चाहिए
ओस की बूँदों पर
उसके लिए
देना पड़े ख़ून तो भी ठीक है

नहीं करनी चाहिए
किसी फल की आशा
प्यार के नए पौधे से

दूरी

दुख सिरहाने सुख पैताने
बीचोबीच अनंग है
दूरी एक पलंग है

अक्षर-अक्षर खुलती जाए
पन्नों दर्ज हिसाब है
दूरी खुली किताब है

इतनी सटी हुई दुनिया
कि जीवन कारोबार है
दूरी ही अब प्यार है

रोज़ दाँव पर लगी ज़िन्दगी
बिना ख़ून की जंग है
दूरी ही उत्संग है

जहाँ न पत्थर गड़ा हो कोई
अपनी वहीं मज़ार है
दूरी एक पुकार है।

दिनोदिन मर रहे हो क्या ?

कर रहे हो क्या
किसी के इस प्रश्न पर
निर्भर रहे हो क्या
रहे हो तो भी—
किसी से डर रहे हो क्या ?

पूछता है कौन
इन दिनों अब
सब बताते हैं
कोयलों की कूक में
इम्प्रूव के नुस्ख़े सुझाते हैं
और जब बताते-बताते थक जाते हैं
तब मुस्कराकर पूछते हैं हालचाल, गोया—
हो निरुत्तर क्यों
दिनोदिन मर रहे हो क्या ?

सिवा क़ब्रिस्तान के
अब पूछता है कौन
वह भी मौन!
जिसमें गड़ी हड्डियाँ
फिर से फॉस्फोरस बन गई हैं
ख़ून—देसी गाजर जैसा थक्केदार—काला
और साँसें पंचर के रन्ध्र से
निकल रही हैं सुरसुर सुरसुर...

क़ब्रिस्तान में
लोग नहीं
सतह से ऊपर उठे हुए सवाल हैं
कब, कौन, क्यों, कितने, कहाँ, कैसे
दफ़्न हैं सब
मुद्दत से बहुत गहरे मलाल हैं

पूछिए इतना कि नाकोंदम लगे हर हाल में
प्रश्न सबसे कम हुए इस घोर उत्तर काल में

बोहनी

सुबह-सुबह
ढाबे के सामने
जूठ पर टूट पड़ी हैं चिड़ियाँ
और चहक रही हैं फुदक-फुदककर

मुसाफ़िरखाने के पीछे
दो की जगह एक रुपए में
बेच रही है पहली मुखारी
दातौन बेचने वाली औरत

हथरिक्शे वाला
स्टेशन पर उतरी सवारी से
पूछने पर कह रहा है
बोहनी का टाइम है बाबू
जो भी दे दीजिए राजी-ख़ुशी से

आसमान के नीलमी कटोरे में
किसी ने डाल दिया है
गिन्नी का नया-नकोर सिक्का
लगता है
विश्वास की बोहनी हो गई है
दुनिया की
सुबह-सुबह

तुम्हारा फ़ोटो

वे जो स्वागतम् के झंडे लेकर
खड़े रहते थे तुम्हारी ट्रेन के इंतज़ार में
वे जिनकी हथेलियों में बाजी लगती थी
कि तुम्हारी चप्पलें पहले कौन उतारेगा
वे जिनकी जबानें आपस में लड़ जाती थीं
कि सर्वप्रथम तुम्हारा नाम कौन लेगा ?
वे जिन्होंने अपने अहंकार बेचकर
फ़ोटोग्राफर से तुम्हारी सादगी ख़रीदी

वे फ़ोटो में तुम्हारी अँगुलियाँ छूते
तो ख़ुद पसीने से भीग जाते
वे फ़ोटो को गुदगुदाते
तो ख़ुद ही हँसना पड़ता
वे हँसते हुए फ़ोटो को
और हँसाना चाहते
लेकिन काग़ज़ की सपाटता
किसी भी चमत्कार से
शिल्प में कहाँ उभर पाती है ?

वे तुम्हें काग़ज़ से बाहर लाने में असफल रहे
तो तुम्हें विदा करते वक़्त
रोने लगे ज़ार-ज़ार
और हारकर उपहार में
तुम्हें तुम्हारा फ़ोटो ही दे दिया

वंदे मातरम्

[1]

गेहूँ की कुशाग्र मूँछों पर गिरी वृष्टि की गाज
काली-काली भुड़ुली हुई सुनहली बाली हाय
हुए अन्नदाता ही दाने-दाने को मोहताज
भिड़े कुकुरझौंझौं में राजन महाग़रीबनवाज़

[2]

पंगु पाँव, गूँगी जबान, लकवा से लूले हर कर
आँख-आँख मोतियाबिन्द सूझे परिवार न घर-वर
चौपट हुई रबी ऐसे कि प्राण-पखेरू तड़पें
बादल बरसे नहीं गगन से एसिड मूते छर-छर

[3]

रबी गई सो गई खरीफ़ गई सूखे से
मुँह सूखे-सूखे से पेट युगों भूखे से
गश खा-खा गिर गए खेत में ग्राम देवता
हरे-भरे से रूख खड़े रूखे-रूखे से

[4]

धान हुए कुश धरती में दरार की अनगिन रेखा
मुँह में जूठ नहीं लगने के आगम घर-घर देखा

आँख, आँख की ओर ताक, मुँह लेती फेर, सिसककर
काग़ज़–पत्तर में सूखा—सैलाब का लेखा-जोखा

[5]

आसमान का दिल पत्थर हो गया ऐन बसकाल
चमके गरजे तड़के भड़के फिर भी पड़ा अकाल
काँख–काँख रह गए न झलकीं जल की बूँदें
पकड़ा करक जलधरों को बेआब हुए तत्काल

[6]

बना भव्य कॉम्पलेक्स काँच का नामक भूल भुलइया
बिक्री हुई अपार लक्ष्य के पार बाप रे दइया
बड़के कोविद बिके यसों दस–बीस डिजिट डॉलर में
हुआ चित्रपट फिल्मी इल्मी सबसे बड़ा रुपइया

[7]

सूचकांक मत देखो टोपी नीचे गिरी दरोगा
मूत में रोहू खोज रहे पोंगा के पोंगा
अबकी ऐसे क़िस्मत–लेखक आए हैं कि
राष्ट्र कनक भूधराकार मिनटों में होगा

[8]

सुजला रोज़ निर्जला होती वंदे मातरम्
विफला बनाकर सुफला रोती वंदे मातरम्
धुँधुआकर जल रही चतुर्दिक् शस्य–श्यामला भूमि
जाति–धर्म की होती खेती वंदे मातरम्

सचमुच आदमी

तू तू या दुरदुर
सुनते-सुनते
वह समझ गया
कि उसी का नाम कुत्ता है

पूसी-पूसी या बिल्-बिल्
सुनते-सुनते
वह जान गई
कि उसी का नाम बिल्ली है

लुहे-लुहे सुनते समझ गया बन्दर
हट्-हट् सुनते साँड़
प्रभु-प्रभु जपते-जपते
उसे विश्वास हो गया
कि लोग उसे ईश्वर मानते हैं

जबकि अपना नाम
रोज़ सुनते-सुनते
अभी तक नहीं साबित कर सके
कि हम सचमुच आदमी हैं

सबसे बड़ी कमज़ोरी

जिस चीज़ या जिस आदमी में
भ्रम हो जाता है मुझे प्रेम का
उसे ही रूँधने या रखाने का
करने लगता हूँ उपाय
प्रेम मेरी सबसे बड़ी कमज़ोरी है

बहुत से तस्कर हैं प्रेम के
बहुत से ख़रीदार
कौन-सा बैंक अपने लॉकर में रखेगा इसे?
या किस खाते से करूँगा उसकी हिफ़ाज़त का भुगतान
मैं तो जन्मना दिवालिया हूँ

समुद्र में डाल दूँ कुछ दिनों के लिए
तो सारा सागर मथते-मथते मर जाऊँगा
फिर भी मक्खन की तरह नहीं उपराएगा प्रेम
चौदह रत्नों में तो इसका कहीं उल्लेख भी नहीं

किसी तारे में
उसकी प्राण-प्रतिष्ठा कर दूँ
तो कल कैसे चिह्नित कर पाऊँगा उसे
सारा आसमान देखकर

एक दिन तो वह
मधु से निकलकर चुपचाप

मिट्टी के तेल में बैठा मिला
किसी दिन
चाँदनी में
किसी पादप की छाया देखकर
मुझे हो गया भ्रम
कि सोया है प्रेम
आख़िर प्रेमी जीव हूँ मैं

कुछ दिनों के लिए
रख दिया था उसे तुम्हारी आँखों में
कुछ दिनों के लिए तुम्हारी हथेलियों में
लेकिन जब तुमने
निकाल दिया अपने यहाँ से प्रेम को
वह मुझसे मिला
जैसे निकाल दिया गया आदमी

फिर अपने साथ लाया मैं उसे
उसका हाथ-पैर धुलाया
बैठाया, जल-जलपान कराया
बहलाया, सहलाया
और कुछ दिनों बाद
अपने अन्तर्जगत् का कोना-कोना दिखाया

अपने साथ रहते-रहते भी
जब कुछ-कुछ ऊबने लगा प्रेम
तो उसे मैंने
बालू भरी बाल्टियों की तरह
जगह-जगह टाँग दिया
नफ़रत की आग बुझाने के लिए

आग बुझाते-बुझाते
एक दिन वह ख़ुद झुलसा हुआ आया
दोनों पहिए पंचर साइकिल की तरह लड़खड़ाता हुआ

उसी दिन से
ठीक उसी दिन से
मैंने कहीं नहीं जाने दिया अन्यत्र
अपने प्रेम को
शब्दों में रखकर
हो गया बीतचिन्त
कि उसके लिए
कविता से आदर्श और अच्छी
दूसरी कोई जगह नहीं
आख़िर प्रेमी जीव हूँ मैं जो

नींद में

बिस्तर के दशमलव पर
बटे-सी कटती रात में
कोई झकझोरकर कह रहा है
उठो, उठो
अगले जनम में खर्राटे मार लेना मन भर
ऐसी कब्र बनवा लेना
कि जागने की कोई झंझट भी न मँडराए आसपास
न बदलनी पड़े करवट
न साँस लेने की ज़हमत उठानी पड़े
कब्र से ऊपर भुरभुराकर गिरती मिट्टी
ऐसी लगे कि कुछ और फूल झरकर मिट्टी पर गिर रहे हों

बिस्तर?
न दीवान, न फोम का कोई गद्दा
न राजस्थान शैली की अल्पना में बिछी चद्दर
न होटलों के दूध धुले लकदक प्रच्छदपट
बिस्तर कोई रेता हो नदी का
या बेतवा की छाती में पड़ा-अड़ा
कोई सुशीतल महाकच्छप-सा पत्थर
या ज़मीन पर हरी-हरी दूब की गुदगुदाती कालीन
या आम की बग़िया में लसियाकर
झरे बौरों की खुन्नसवाली गड़न
या प्लेटफार्म की बेंच पर घर की बनी सब्ज़ी का जूठ
जिस किसी पर सोये हो

उसी बिस्तर से उठो
बिन आँख खोले पिल्ले की नींद से माफ़ी माँगकर
क्योंकि भर नींद सोना भी
तुम्हारे लिए किसी ज़रूरी काम की तरह है

उठो कि जंगल तो जंगल
झाड़ियाँ तक ग़ायब हो चुकी हैं
जहाँ कास कुश का रोना था वहाँ संगमरमर हँस रहे हैं
और कतारबद्ध चींटियाँ रूदाली बनकर
किसी शोकसभा में जा रही हैं चुपचाप विलाप करने

उठो, उठो, जल्दी उठो
नहीं तो मैं ही अपना सिर पटक-पटककर
कर लूँगा लहूलुहान
और हमेशा के लिए सो जाऊँगा तुम्हारी जगह
उठो कि
जभी सोओ तभी अँधेरा
जभी जागो तभी सबेरा

कविता लिखने के लिए

गुण ही नहीं गिनाए
कविता के
आचार्यों ने
दोषों को भी
बाक़ायदा शास्त्रीयता प्रदान की

कुछ में ओज था
कुछ में माधुर्य
तो कुछ में प्रसाद
तो कुछ में कुछ

ग्राम्यत्व, अश्लीलत्व,
वर्ण-वाक्य-पदत्व-कटुत्व
किस-किस को नहीं मिली शास्त्रीयता

लेकिन जब टोटका किए गए
मैदा की लोई पर पोते सिन्दूर-सा
मिले थे झाड़ी में फेंके गए कई कन्या-भ्रूण

जब बिजली का तार टूटने से
भस्म हो गए थे सिवान के सिवान गेहूँ के खेत
और सात घंटे बाद पहुँचे थे दमकल
जब सड़े आलू और टमाटरों से
बसा रहे थे राजपथ

जब घुरहू ने पूछा था
अपने नाम का अर्थ
और निरुक्त, निघंटु पलट डालने के बाद
गुरुजी ने कहा था
कि यह शब्द समूचे भारतीय आर्य भाषा परिवार में
कहीं नहीं है
जब साँड़ों को हाँकने पर
पिलास से उखाड़ लिए जाते थे नह
जब शीतलहरी को ही सबसे सुहाना मौसम बताया जा रहा था
जब सबसे कम आत्मबल वाला देश सबसे ज़्यादा दहाड़ रहा था
जब आचार्यों ने ओढ़ ली थी रामनामी
जब गुणों को दोष
और दोषों को गुण की तरह प्रचारित किया जा रहा था

और तब,
और तब
कविता लिखने
और बाँचने के लिए
बची थी सिर्फ़ अपनी हथेली

उतना नहीं अखरता

पकी फसल काटकर
उठा ले गए होते
आँखों के सामने
जबरन
तो भी उतना नहीं अखरता

जितना कि
कच्ची फसल काटकर
छोड़ गए खेतों में
रातोरात

रेखाचित्र

पढ़ने को तो हर शब्द पढ़ा जा सकता है तुम्हारा
बस अर्थागम ही मुश्किल रहा थोड़ा हमेशा
लिपियाँ तो अभ्यास की क़वायद भर हैं

अर्थ का अर्थ होता है
शब्दों से बाहर निकाल लाना
सच तो यह है
कि तुम्हें कभी सुग्राही ढंग से छापा ही नहीं जा सका

कूचियाँ तुमसे बहुत कठोर थीं
कैमरे बहुत हिंसक थे
और लेखनी बिकाऊ

अब तक
कुल दो रेखाएँ ही खींची जा सकीं
तुम्हें व्यंजित करने के वास्ते

एक ऋजु रेखा
दूसरी वक्र रेखा
जहाँ भी ये दोनों आपस में मिल गईं
वहीं उभर आया तुम्हारा कोई रेखाचित्र

छोटी-छोटी बातें

लड़की देखकर शादी से इनकार करना
पेड़ों के कटे हुए कंधे
आँसू की तरह ढुलके
बबूल के लासे
कोई लावारिस दुपट्टा या बस्ता
टूटी हुई चूड़ियाँ
या फूटा हुआ घड़ा
इनमें से कोई एक
समूचे हिन्दुस्तान को रुलाने के लिए काफ़ी है

इतनी छोटी-छोटी बातें तो
अमेरिका के तलवों को
गुदगुदा भी नहीं सकतीं

लेकिन फूल कहे जाने को तरसते रहे

वहाँ फूलों की गिनती नहीं
फूलों का पहाड़ा चलता है
जिन्हें कभी फूल कहा नहीं गया
जिन्हें कभी फूल माना नहीं गया
वे खिलते रहे, निकलते रहे, हिलते रहे
फूल-फूल बरसते रहे
लेकिन फूल कहे जाने को तरसते रहे

वे सजीली डोरदार आँखों वाले मटर के फूल
वे तितली के पीले बच्चों जैसे अरहर के फूल
वे अनमोल हीरों के कर्णफूल जैसे तीसी के फूल
वे सोने की झुमकियों सरीखे सरसों के कई अरब फूल
वे चने के बूटेदार लाल-बैगनी फूल

हालाँकि हम तुम्हारी हँसी के बारे में सोचते
तो फूलों के बारे में ही सोचते
तुम्हारी उदासी के बारे में सोचते
तो फूलों को ही आगे करके सोचते
तुम्हारी मिठास के बारे में सोचते
तो फूलों की ही भाषा में सोचते
जहाँ फूलों की गिनती नहीं
फूलों का पहाड़ा चलता है।

एक का सिक्का, कविता और कोई भी वाद

जैसेकि एक का सिक्का माने जीरो यानी कुछ भी नहीं
वैसे ही एक का सिक्का माने बल्ले-बल्ले यानी बहुत कुछ
और कभी-कभी सब कुछ
निन्यानवे पैसे या रुपए सिर्फ़ बाटा वालों के लिए अब भी एक क़ीमत है
और भी कई कम्पनियाँ देखा-देखी उसी की गतानुगतिक हो रही हैं
हक़ीक़त यह है कि एक रुपया
एक कौर या सल्फॉस की एक गोली से भी कम क़ीमत का है
एक रुपए का एक पहलू एक रुपए का भी आधा है
तो दूसरा पहलू अशोकस्तम्भ यानी कि समूचा भारत
और भारतीयता की क़ीमत बाटा के तलवों से भी नीचे है
उसके नीचे नंगी इच्छाएँ कफ़न के लिए सिसक रही हैं

आधा भारत एक के सिक्के से शुरू होकर टिन के कटोरे में खनखनाता है
और भिवानी की तरह सिकुड़कर साउंडप्रूफ़ हो जाता है
जैसे बेईमानियाँ बहुत जतन से सहेजी जाती हैं
और ईमानदारियाँ बेमतलब हल्ला मचाती हैं
वहीं पर अब गुल्लक भी एक का सिक्का कबूलने में मुँह बिचकाता है
और एक का सिक्का लौटाने में कंडक्टरों की नानी मरने लगती हैं
जबकि सवारियाँ उसके लिए संसद से ज़्यादा हुज्जत करती हैं
इस तरह विकसित होते लोकतंत्र में जब बिजली नहीं रहती
तो जेनरेटर से फ़ोटोकॉपी करने वाले एक का तीन वसूलते हैं
एक रुपए तेल का दाम बढ़ने से
दस मिनट देर से निकलते हैं लोग घरों से
और इतनी तेज़ उड़ने लगती हैं सवारी गाड़ियाँ

कि दुर्घटनाओं की ख़बरों से पटे मिलते हैं सुबह के अख़बार और चैनल

न एक के सिक्के में एक अगरबत्ती न नहाने-धोने का साबुन-सर्फ
न आत्मा की मैल छुड़ाने वाला कोई अध्यात्म
उखड़ी हुई कैंची की रिपिट लगाने में भी एक रुपया नाकाफ़ी
रामनामी बैंक में भर-भर कापियाँ जमा करने की तर्ज पर
एक रुपया एक रुपया एक रुपया लिखकर जमा करने के लिए
एक रुपए में क़ायदे का एक सादा पन्ना भी मुश्किल
जैसे कि एक रुपए को केन्द्र में रखकर लिखी गई
यह कविता नामक चीज़ जिससे पटी हुई फेसबुकें और पाठ्य-पुस्तकें
ऐसी कविताएँ यदि दिवंगत हो जाएँ बिना किसी बीमारी के
असाध्य बीमारी से ग्रस्त आलोचना के चलते
तो नए आलोचकों को दो घंटे ज़्यादा होंगे रोने के वास्ते
और किंचित सेकेंडों की शोकसभा
इससे नुकसान सिर्फ़ इतना होगा कि विलुप्त हो जाएगी कवियों की प्रजाति
और तब अन्न सड़ाने और किसानों के सुसाइड के लिए
प्रेरित करने वाले देश में खाद्यान्न का संकट कम झेलना पड़ेगा
ऐसी कविताओं की एक अनिवार्य बुराई कि ये आलोचनाहंता हैं
दूसरी यह हो सकती है ख़ासियत कि ये किसी भी उम्मीद की जुंबिश से
काफ़ी दूर रखती हैं समाज को
जैसे हमारे समय का कवि ख़ुद को काफ़ी दूर रखता है अपने समाज से
आने वाला समय शायद साहित्य के इतिहास को कुछ
इस तरह रेखांकित करेगा कि यह एक कविता-शून्य समय था
इसीलिए यह कविता के लिए सबसे बेचैन रहने वाले समय के रूप में
जाना जाएगा और विख्यात होगा उतना ही जितना कि
अपने तमाम अवमूल्यन और सोने के सिक्कों के आ जाने के बावजूद
कुख्यात हो चुकी है एक रुपए की मुद्रा
फिर भी अरबों की अधिरचना भी नहीं काट सकती
एक विषम संख्या को क्योंकि एक, एक आधारभूत विषम संख्या है

वैसी ही जब मर जाएगी एक रुपए की मुद्रा
तो उसकी अन्त्येष्टि में
माचिस की एक तीली से भी कम आग ख़र्च होगी
लेकिन तबाही मचेगी वह कि रहने वाले देखेंगे तांडव

और मन ही मन मनाएँगे कि हे प्रभू! हे लोकपाल! हे पूँजीपुत्र!
क़ीमतें चीज़ों की या कवियों की घट जातीं
किसी भी विधि से, अनुष्ठान से, अधिनियम से या अर्थशास्त्र से
तो वापस आ जाता एक के सिक्के का बल्ले-बल्ले
वापस आ जाती हमारी बिकी हुई केवड़ा-कस्तूरी
और जितनी भी महकने वाली चीज़ें हमारी दुनिया से
ग़ायब होती जा रही हैं सेंट के सिवा

वैसे ज़्यादा से ज़्यादा सच बोलने के इन दिनों में
झूठ क्या बोला जाए पाप बढ़ाने के लिए
क्योंकि करुणा तो वैसे ही सहमकर अधमरी हो चुकी है
और अपराध अद्यतन इतना बढ़ चुका है
कि घटते-घटते डायनासोर जितना तो बचेगा ही
इसलिए लाचार होकर कहना पड़ता है कि
एक रुपये के मर जाने से दुनिया किसी संकट में नहीं फँसेगी
क्योंकि उसके विकल्प में अब चलाई जा सकती है
बेरोज़गारी, हत्या, बलात्कार या आत्महत्या में से कोई एक चीज़
और समाज की जगह थाना, एन.जी.ओ., साइबर, बार
या कोई राजनीतिक पार्टी इत्यादि

लेकिन उखड़ी-उखड़ी बातों के बीच से
अगर निकल आए काम की कोई पिद्दी-सी बात भी
तो मानना पड़ेगा कि कविता की धुकधुकी चल रही अभी
वैन्टीलेटर की सूई पर निगाह गड़ी है ज़िम्मेदार कवियों की
कि भाव बढ़ेंगे ज़रूर देर-सवेर
कविता नामक चीज़ों की क़ीमतें घटेंगी ज़रूर एक रुपए
तो फिर वापस आ जाएगा सतयुग या
क़ायम हो जाएगा एक अरब पच्चीस करोड़ समाजवाद या कोई भी वाद
वानरेन्द्र सबके कपड़े प्रेस करके रख देंगे आल्मारियों में
मूषकेन्द्र सबसे गुलगुल सेज बिछाएँगे सुहागरातों के वास्ते
मृगेन्द्र कविता लिखते कवियों को बिना डिस्टर्ब किए
साष्टांग करके चुपचाप लौट जाएँगे गुफाओं में
पुलिस की गाड़ियाँ प्रेमियों को छोड़ आएँगी समुद्र-तटों पर
पागुर करते पशु धरती पर छानेंगे छोटे-छोटे बताशे

बादल कहेंगे हे फसलों! तुम्हें कितने पानी की दरकार है
और ज़मीन पर बचे हुए वृक्ष गाएँगे राग–मल्हार
कब आओगी बदरी सजनी, रजनी बहुत उजेरी!

बसन्त

रोके साँस देर तक
कलियों में होगी चटका-चटकी
आया अगर बसन्त
बन्दरों में पक्की पटका-पटकी

मिथुन बराबर लोट गया है
बीच खेत में गेहूँ कच्चा
हरे रंग की हरी गंध में
ट्यून दे रहा अब कनबच्चा

सरसों और चने-तीसी की
पियरी-चुनरी वाली आयु
मेड़ का असिधारा-व्रत तोड़
करा देगी गठबन्धन वायु

उस दिन पंचम स्वर में मंगल गाया जाएगा
जिस दिन बसन्त अभियोग नहीं माना जाएगा।